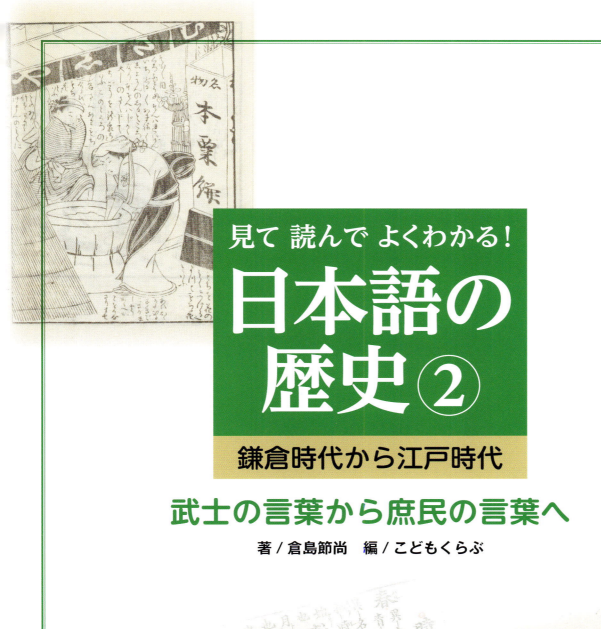

見て 読んで よくわかる！
日本語の歴史②
鎌倉時代から江戸時代

武士の言葉から庶民の言葉へ

著／倉島節尚　編／こどもくらぶ

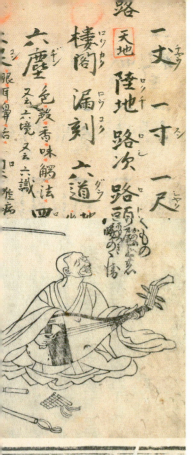
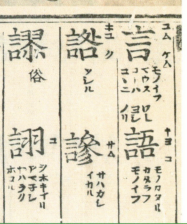

はじめに

わたしたちは毎日、話をしたり、さまざまな文を読んだり書いたりして暮らしています。このときにつかっている言葉は、もちろん日本語です。わたしたち日本人は、日本語をつかわずに生活することはできません。でも、「日本語」をつかっているということは、あまり意識していないのではないでしょうか。

その日本語は、どのような言語（ある国や地域でつかわれる一定のまとまりを持つ言葉をよぶ言い方）なのでしょうか。そこで、言語としての日本語の歴史を考えてみようというのが、このシリーズの目的です。

日本語の成立にはいろいろな説がありますが、いまわたしたちがつかっている日本語のもとになった形は、およそ2000年前の弥生時代にはすでにできあがっていたのだろうと考えられています。

それからどんな歴史をたどって、わたしたちがつかっている日本語になったのか。ここでは、それを考える前におさえておかなければならない重要なことを書きます。

それは、日本人の祖先は、自分たちが話す言語を書きあらわすための独自の文字をつくらなかったこと。いいかえれば、日本人の祖先は、知識や文化・歴史など、あらゆることを口承（口伝え）によって伝えてきたことです。

このため、文字がなかった（記録を書きのこせなかった）時代の日本語の姿は、いまだによくわかっていないのです。しかも、日本は島国だったため、他民族に征服されたこともなく、日本語が他民族の文字で書きあらわされることもありませんでした。

もくじ

第一部　鎌倉時代の日本語

❶ 軍記物と和漢混交文の発達 …………………………… 4
❷ 発音の変化と仮名遣いの混乱 ………………………… 6
❸ 漢語の尊重 ……………………………………………… 9
もっと知りたい　動詞の活用の種類の変化 …………… 10

第二部　室町時代の日本語

❹ 古代日本語から現代語へ ……………………………… 12
もっと知りたい　現代語にのこる女房詞と仏教用語 … 14

日本人の祖先は、はるか古代から日本語を話していましたが、記録をのこす方法がなかったので、その実態はわかりません。日本語の歴史を考えることは、その後に、さまざまな形でのこされた記録を調べることからはじまります。

　遠い昔の石や金属に彫りこまれた文字が、いまものこっています。その後の木や竹の札に書きのこされた文字や、紙に記された文字などが見つかっています。それらから、いつの時代に、どんな言葉がつかわれていたのか、いま、わたしたちは知ることができます。

　昔の日本人がつかっていた言葉や文字はどんなものだったのか、目で見て、現代の日本語や文字とくらべてみるのは、けっこうたのしいことです。

　このシリーズは、次のように4巻で構成してあります。

第1巻	「日本語が世界の言語の中でどういう存在なのか」からはじめて、古代から平安時代までの日本語の歴史をたどる。
第2巻	鎌倉時代・室町時代から江戸時代までの日本語の歴史をたどる。
第3巻	明治時代から昭和前期までの日本語のうつりかわりを紹介する。
第4巻	昭和後期から今日までのわたしたちが実際につかっている日本語の魅力や特徴を見ていく。

　このシリーズを読んでくだされば、日本語がどのような歴史をたどってきた言語かということのおおよそを知ることができます。自分たちの生活になくてはならない言葉について、しっかり理解して、言語の面からも、日本人としての誇りをもっていただければうれしく思います。

倉島 節尚

❺ キリシタンの宣教師が記録した室町時代の日本語 ……… 16

もっと知りたい 新しい言葉・外来語 ……… 19

第三部　江戸時代の日本語

❻ 上方から江戸へ ……… 20

❼ 出版の普及と教育制度の発展 ……… 24

もっと知りたい 江戸時代の文学 ……… 27

❽ 黒船の来航 ……… 28

用語解説 ……… 30
さくいん ……… 31

倉島 節尚 先生

第一部 鎌倉時代の日本語

1 軍記物と和漢混交文の発達

鎌倉時代は、12世紀末の鎌倉幕府成立から、幕府滅亡（1333年）までの約150年間です。幕府の影響が大きくなるにつれ、武士の地位が向上し、力を持つことになりました。それは文化や日本語にも影響を及ぼしました。

このころの日本は？

鎌倉時代になると、公家の勢力が弱くなり、鎌倉幕府を中心とした武士の勢力が強くなっていきました。そのことが、社会や経済にも影響をあたえ、武士や庶民による素朴だけれども新しい文化があらわれました。

↓『平家物語』は平家一門の興亡を中心にとらえた作品。『源平合戦図屏風』には、屋島の戦いでの扇の的を射る那須与一が描かれている。

武士の好んだ言葉

日本語を古代日本語と近代日本語というように大きくふたつに分けると、中世（鎌倉時代と室町時代）はその過渡期となります。

鎌倉時代の日本語は平安時代の言語を受けついでいる面と、この時代になって生じた中世的な特徴とをあわせ持つようになりました。武士たちの好んだのは、平安時代の貴族社会の優美な言葉ではなく、力強さに満ちた剛健な言葉づかいでした。

（香川県立ミュージアム所蔵）

軍記物が書かれる

鎌倉時代には、『平家物語』『保元物語』『平治物語』などの、戦の場面のある軍記物があらわれました。これらの作品は武士の好みに合った、漢語の多い重々しい文体で書かれています。仮名で書かれ、伝統的な和語である和文体と漢文を読みくだした漢文訓読体の両方の特徴を持っている文体で、「和漢混交文」と言います。これらの作品には武士の言葉も見られます。

『平家物語』序章「祇園精舎」

祇園精舎の鐘の声、諸行無常の響あり。沙羅双樹の花の色、盛者必衰の理をあらはす。おごれる人も久しからず、唯春の夜の夢のごとし。たけき者も遂には滅びぬ、偏に風の前の塵に同じ。

《新編日本古典文学全集45　平家物語①　小学館より》

現代語訳

釈迦が説教をおこなった祇園精舎でなる鐘の音は、すべてのものは変化し、同じではないという教えを響かせている。釈迦が亡くなったときに白く枯れてしまったという二本の沙羅の花の色は、盛んな者もいつかは必ず衰えてしまうというこの世の道理をあらわしている。権勢を誇る人も長くは続かない。そのことは、春の夜の夢のようにはかない。猛々しい者も結局は滅びてしまう。それは、風に吹かれて散ってしまう塵と同じである。

ワンポイント
武士言葉

武士たちがつかっていた言葉には、強さを表現した言い方が多かった。軍記物には、「…される」（受け身）というところを逆の「…させる」（使役）とする表現が見られる。たとえば、矢で射られたことを「射させ」と言い、敵に討たれたことを「討たせ」とした。これらは、「射させ」「討たせ」という、相手にわざとそうさせる表現（使役）にすることによって、強がる気持ちをあらわしている。

また、戦に負けて退却することを「開く」と言っていた。武士たちは弱みや敗北をそのままに言うことを嫌って、別の表現をしたかったのだろう。これらは、「負け惜しみの表現」とも言われた。

↑『平家物語』は琵琶法師によって語られていた。
『職人尽歌合　3巻』（国立国会図書館所蔵）

第一部　鎌倉時代の日本語

❷ 発音の変化と仮名遣いの混乱

仮名遣いとは、仮名文字で日本語を書きあらわすときの約束です。古典の作品は歴史的仮名遣い（古典仮名遣い）で書かれています。現代では「現代仮名遣い」の決まりに従っています。

ハ行転呼

単語の最初の音以外で用いられる「ハ・ヒ・フ・ヘ・ホ」が、「ワ・イ・ウ・エ・オ」と発音されることが平安時代からはじまりました。たとえば「川（カハ→カワ）」「顔（カホ→カオ）」と発音されるようになりました。この現象を「ハ行転呼」といいます。

仮名文字と一致しない発音

また、「オ」と「ヲ」、「イ」と「ヰ」、「エ」と「ヱ」の発音の区別がなくなっていきました。そのために、実際の発音と、それを書き記す仮名文字が一致しない書き方が増えて、仮名遣いに混乱が起きました。いま、わたしたちがつかっている「現代仮名遣い」は、発音どおりに書くことを目指して整理されているので、歴史的仮名遣いとはことなる語があります。

歴史的仮名遣い		現代仮名遣い
かはる	→	かわる（変わる）
には	→	にわ（庭）
あひだ	→	あいだ（間）
こひ	→	こい（恋）
おもふ	→	おもう（思う）
あふぐ	→	あおぐ（仰ぐ）
たへる	→	たえる（耐える）

歴史的仮名遣い		現代仮名遣い
こほり	→	こおり（氷）
とほる	→	とおる（通る）
ゐる	→	いる（居る）
あゐいろ	→	あいいろ（藍色）
こゑ	→	こえ（声）
あを	→	あお（青）
をがむ	→	おがむ（拝む）

ワンポイント

仮名遣いを定めた人たち

　平安時代末期・鎌倉時代初期の歌人・歌学者の藤原定家は、平安文学の写本を数多く制作しました。その過程で、仮名遣いに混乱があることに気がつき、それを整理しようと試みました。その内容は定家の著した『下官集』という書物の「嫌文字事（文字を嫌うこと）」という章に述べられています。これは仮名遣いについて述べた最初の文献とされ、60ほどの語について、「を」と「お」、「え」と「へ」と「ゑ」、「ひ」と「ゐ」と「い」の書きわけを記しています。

　鎌倉時代末期には、歌学者・語学者の行阿が『仮名文字遣』で語例を大幅に増補しました。これを「定家仮名遣い」といいます。

　江戸時代になると、歌人・国学者の契沖が、平安時代中期以前の文献によって、仮名遣いを明らかにしました（契沖仮名遣い）。明治以降の歴史的仮名遣いは契沖仮名遣いに基づいています。なお、現在は「現代仮名遣い」が定められています。

■ 『下官集』に記された仮名遣いの例

い	ゐ	ひ	ゑ	へ	え	お	を
にしのたい　天かい	藍（あゐ）　遂に（つゐに）	こひ　おもひ　いさよひの月	こゑ　ゆくゑ　衛士（ゑじ）	まへうしろ　やへさくら　こたへて	ふえ　かえての木　越（こえ）	おく山　おもふ　おとろく	をみなえし　をくら山　「てにをは」のを

撥音・促音の一般化

第一部　鎌倉時代の日本語

平安時代に漢語の影響もあって「ン」と発音される音（撥音）が定着し、仮名で「む」と書かれるところや助動詞の「む」などが、「ン」と発音されるようになりました。しかし、この音を書きあらわす方法がなかったので、「む」「い」「う」であらわしたり、何も書かない無表記であったりしました。平安時代に書かれた紀貫之の『土佐日記』では、「天気（てんき）」のことを「ていけ」と書いています。

つまって発音される音（促音）も平安時代から

はじまりました。この音を書きあらわす方法もなかったので、「レ」のような符号や「む」「う」であらわしたり、無表記であったりしました。

また、「退屈（たいくつ）」のように「つ」で終わる漢語の「つ」の部分が促音に似た音だったことから、促音が「つ」と書かれるようになったと考える説があります。なお、これでは本来「つ」と発音される語と区別がつかないので、「現代仮名遣い」では促音は小さい「っ」で書くと定められています。

『平家物語』巻第五富士川　一部抜粋

さる程に、福原には、勢のつかぬ先にいそぎ打手をくだすべしと、公卿僉議あ（ッ）て、……
……或時おはしたりけるに、其女房のもとへ、や（ン）ごとなき女房まらうどた（ッ）て、やゝ久しう物語し給ふ。……

※（ッ）（ン）の部分が原本では無表記だが、活字化して出版するに当たって校訂者が書きくわえた。

（『日本古典文学大系　平家物語　上』岩波書店より）

現代語訳

さて、福原では（源頼朝に）加勢がつくより前に、急いで討伐軍をおくるべきだと、公卿の詮議があって、……
……あるとき、（薩摩守忠度が）訪問されたときに、その女房のところへ、高貴な女房のお客人が来て、やや長くお話をなさった。……

『土佐日記』一部抜粋

このなかに、あはぢのたうめといふひとのよめるうた、
おひかぜのふきぬるときはゆくふねのほてうちてこそうれしかりけれ
とぞ。ていけのことにつけていのる。

※「天気のことに関して神仏に祈願する」の意か、と頭注がある。

（『日本古典文学大系　土佐日記　かげろふ日記　和泉式部日記　更級日記』岩波書店より）

現代語訳

このなかに、淡路うまれの老女という人が詠んだ歌、
追い風が吹いたときは、進んで行く船の帆綱が帆をはたはたとならすが、ちょうどそのように、わたしたちもさかんに手をたたいて（順調な航海が）うれしいことですよ。天気のことについて神仏にお祈りする。

③ 漢語の尊重

鎌倉時代は武士社会となり、武士たちは簡潔で力強い漢語による表現を好みました。また、漢字が武士だけでなく、庶民にも広まりました。
それに伴って漢字についての知識を得るための漢字字書がつくられました。

和製漢語の誕生

鎌倉時代には、漢語を尊重する考え方が広まり、伝統的な日本語（大和言葉・和語）で表現していた単語に漢字を当て、さらにその漢字を音読みして、新しい漢語が生まれました。これを「和製漢語」といいます。

現在もつかわれている言葉の中にもたくさん「和製漢語」がふくまれています。

■新しく生まれた漢語

かへりごと	→	返事（へんじ）
はらをたつ	→	立腹（りっぷく）
ひのこと	→	火事（かじ）
ものさわがし	→	物騒（ぶっそう）
ではる	→	出張（しゅっちょう）
おほね	→	大根（だいこん）

唐音が伝えられる

中国商人や禅宗の僧侶たちによって、中国から唐音（中国南方の音）が伝えられました。一部は平安時代から伝えられていましたが、多くは鎌倉時代に伝えられました。のちに、江戸時代に伝えられた音もあります。下の例の漢語のオレンジ色の読みが唐音です。

提灯（ちょうちん）

扇子（せんす）

西瓜（すいか）

椅子（いす）

杏子（あんず）

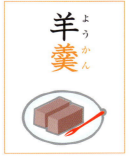
羊羹（ようかん）

饅頭（まんじゅう）

布団（ふとん）

瓶（びん）

もっと知りたい

動詞の活用の種類の変化

日本語の動詞は、「活用」といって語形が変化します。この活用の種類は奈良時代には8種類で、平安時代は9種類になりましたが、室町時代以降は、5種類に減りました。現代語（口語）も5種類の活用を受けついでいます。

「動詞」とは？

日本語の言葉は、下記のように、文、文節、単語という単位に分けることができます。

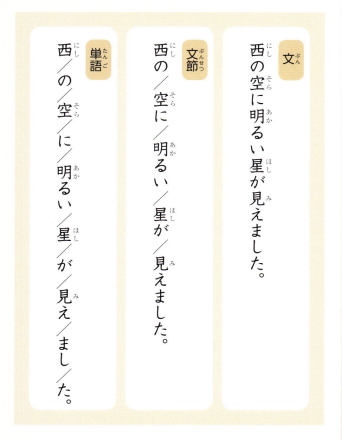

このように、一番最小の単位を単語といいます。単語を、働き、形の上での特徴、意味の3点から分類したものを「品詞」と言います。

その中でも、動作や存在をあらわし、言いきったときに「ウ段」で終わる「読む」「着る」「書く」などを「動詞」と言います。

現代語（口語）と文語の動詞の活用

動詞は、文中で決まった形で語尾が変化します。これを活用と言い、下のような形があります。

【未然形】	動作や状態などが実現していないことをあらわす形
【連用形】	用言（動詞・形容詞・形容動詞）と助動詞につながる形
【終止形】	言いきる形
【連体形】	体言（名詞・代名詞）につながる形
【已然形】	すでに実現していることをあらわす形（文語）
【仮定形】	「ば」につながり、「もし～ならば」の意味をあらわす形（口語）
【命令形】	命令して言いきる形

言葉は、人びとがつかっていく中で、変化していくことがあります。右の表の例のように、動詞の活用も時代がかわるとともに変化していきました。

係り結びの衰退

室町時代以降は、活用するすべての語で、終止形と連体形が同じ形になりました。このため、平安時代に盛んになった係り結び（→1巻P7）の表現上の効果がうすれてしまい、次第に衰えました。

ワンポイント

文語と口語

文語は文章を書くときにつかう言葉。とくに、平安時代の文章に用いられた言葉で、それ以後の時代の言語の要素も多少くわえられた書き言葉をいう。口語は、現代の話し言葉と、それに基づいた書き言葉をいう。

■動詞の活用表

現代語（口語）					種類	室町時代					平安時代									奈良時代								種類
サ行変格活用	カ行変格活用	上一段活用	下一段活用	五段活用		サ行変格活用	カ行変格活用	上一段活用	下一段活用	四段活用	サ行変格活用	カ行変格活用	上二段活用	上一段活用	下二段活用	下一段活用	ラ行変格活用	ナ行変格活用	四段活用	サ行変格活用	カ行変格活用	上二段活用	上一段活用	下二段活用	ラ行変格活用	ナ行変格活用	四段活用	
する	来る	起きる	助ける	歩く	言葉	する	来る	起きる	助ける	歩く	す	来	起く	着る	助く	蹴る	有り	死ぬ	歩く	す	来	起く	着る	助く	有り	死ぬ	歩く	言葉
○	○	お	たす	ある	語幹	○	○	お	たす	ある	○	○	お	き	たす	け	あ	し	ある	○	○	お	○	たす	あ	し	ある	語幹
し／せ／さ	こ	き	け	か／こ	未然形	せ	こ	き	け	か	せ	こ	き	き	け	け	ら	な	か	せ	こ	き	き	け	ら	な	か	未然形
し	き	き	け	き／い	連用形	し	き	き	け	き	し	き	き	き	け	け	り	に／ん	き	し	き	き	き	け	り	に	き	連用形
する	くる	きる	ける	く	終止形	する	くる	きる／くる	ける／くる	く	す	く	く	きる	く	ける	り	ぬ	く	す	く	く	きる	く	り	ぬ	く	終止形
する	くる	きる	ける	く	連体形	する	くる	きる／くる	ける／くる	く	する	くる	くる	きる	くる	ける	る	ぬる	く	する	くる	くる	きる	くる	る	ぬる	く	連体形
すれ	くれ	きれ	けれ	け	仮定形	すれ	くれ	くれ	くれ	け	すれ	くれ	くれ	きれ	くれ	けれ	れ	ぬれ	け	すれ	くれ	くれ	きれ	くれ	れ	ぬれ	け	已然形
しろ／せよ	こい	きろ／きよ	けろ／けよ	け	命令形	せよ／せい	こよ／こい	きよ	けよ／けい	け	せよ	こ／こよ	きよ	きよ	けよ	けよ	れ	ね	け	せ／せよ	こ	きよ	きよ	けよ	れ	ね	け	命令形

● 平安時代（文語）で下一段活用だった「蹴る」は江戸時代後期には四段活用にも用いられるようになり、現代語（口語）では五段活用になった。

● 四段活用が五段活用になったのは、歴史的仮名遣いから現代仮名遣いに変わったため。

● 室町時代になると、下二段・上二段活用はそれぞれ一段活用へ、ナ行変格・ラ行変格活用は四段活用への変化が進んだ。カ行変格活用、サ行変格活用の終止形の語尾に「る」が付き、連体形と同じ語形になった。

● 平安時代になると、下一段活用が増え9種類になった。

● 係助詞「ぞ」「なむ」「や」「か」には文の結びに連体形、「こそ」には文の結びに已然形が用いられる。これを係り結びという。

語幹は、変化しない部分のことだよ。文語の已然形は、現代語（口語）では、その機能をかえて、仮定表現に用いられるようになったため、仮定形というよ。

第二部

室町時代の日本語

④ 古代日本語から現代語へ

鎌倉時代から起こりはじめた古代日本語から近代日本語への変化は、室町時代にさらに進みました。幕府が置かれた京都に人びとが集まり、海外からの文化も多く入ってきました。それらの影響が日本語にもあらわれています。

このころの日本は？

鎌倉時代のあと、中世の後半に当たるのが室町時代です。鎌倉幕府は1333年に滅び、後醍醐天皇による建武の新政がはじまりましたが、その政治は大きな混乱を招きました。

1336年、足利尊氏が後醍醐天皇を追放し、京都に室町幕府を開き、光厳天皇にはじまる北朝を立てました。一方、後醍醐天皇は吉野にのがれて南朝を開きます。北朝と南朝とのふたつの朝廷による争いが続きました。この時期を南北朝時代（1336～1392年）と言います。その後、幕府の権威は失われ、諸国の大名は東軍と西軍に分かれて戦い、戦国時代となりました。

室町時代は、1573年に織田信長によって室町幕府が滅ぼされるまで続きました。

→ 『下学集』。1444（文安1）年に成立した国語辞書。漢籍、仏書の用語や日常の用語など、約3000語を天地門・時節門から畳字門の18門に分類し、用字、語源などを簡略に記す。

『下学集』元和三年刊本（国立国会図書館蔵）

実用的な辞書

社会の混乱が激しく、庶民は幕府に頼らず自分たちの力で生きていこうとするようになりました。そういう生活では自ら文書を書くことが必要になりました。寺院などで庶民に教育がおこなわれ、仮名交じり文の読み書きができる人が多くなりました。そういう人たちの求めに応じて、実用的な辞書がつくられました。代表的なものに『下学集』『倭玉篇』などがあります。とくに節用集は、江戸時代にはさまざまなものがつくられて、広くつかわれました。

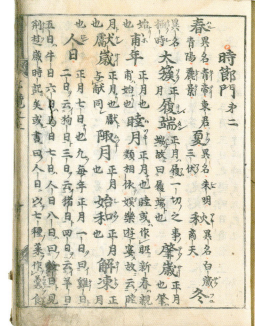
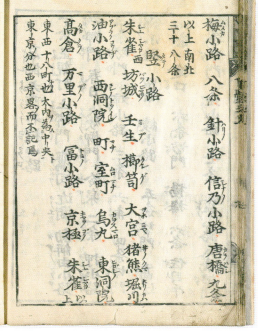

↑『倭玉篇』。成立年・編者ともに未詳。中国の『大広益会玉篇』などを参考にしてつくられた漢和辞典。部首で分類して見出しの漢字をならべ、読みとその漢字にあたる日本語がカタカナで記されている。室町時代後期から江戸時代に広くつかわれた。

『倭玉篇』慶長年間　古活字本（国立国会図書館蔵）

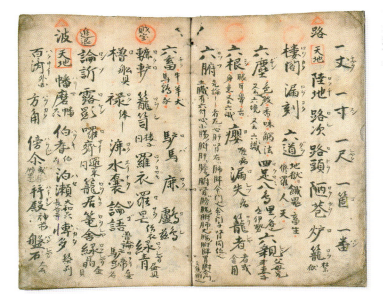

↑『節用集』。室町時代中期に成立した国語辞書。言葉をいろは順にならべ、その中を＜天地＞＜時節＞などの10数の門に分けている。簡便でつかいやすかったため、室町時代から明治時代まで増補・改訂を重ねて広くつかわれた。慶長（1596〜1620）年間までに書写・刊行されたものを「古本節用集」という。

『節用集』室町時代後期　写本（国立国会図書館蔵）

現代語の源流

　室町幕府は京都に置かれたので、多くの関東の武家や地方の大名なども京都に住むようになりました。こうして各地から来た人びとが京都に住むようになり、京都と地方の言葉や文化が入りまじり、活気ある新しい文化が生みだされました。

　ここで用いられた言葉が現代語の源流となったとも言われます。

もっと知りたい

現代語にのこる女房詞と仏教用語

女房詞は、天皇や上皇に仕える宮中の女官たちが室町時代の初期からつかいはじめ、これが一般にも広がりました。また、鎌倉時代から新しい仏教が武士や庶民にも広がり、その教えの中でつかわれる仏教用語が日常生活でもつかわれるようになりました。

現代語にのこっている女房詞

宮中の女官によってつかわれはじめた女房詞は、将軍家の女房たちにもつかわれるようになったようです。さらに一般にも広がったのは、女房詞が上品な言葉だと考えられていたからです。女房詞の中には、現在でもつかわれている言葉もあります。

代表的なものに語頭に「お」をつけて丁寧さをあらわすもの、ある言葉の最初の1字か2字に「もじ」「もの」をつけて婉曲にあらわすものなどがあります。

飲み水のことを「おひや」ということがありますが、これは女房詞の「おひやし」からできた言葉です。また、おなかがすいたことを「ひもじい」とも言いますが、これは「ひだるし（＝空腹である）」の「ひ」に「もじ」をつけた女房詞「ひもじ」が、形容詞のように考えられて「ひもじい」となりました。

室町時代には、女房詞や仏教用語など、現代語にものこっている言葉が広くつかわれるようになったよ。

- しゃもじ（杓もじ）
- おかず（菜）
- 青もの（緑色の野菜）
- おつけ（汁）
- 浪の花（塩）
- おつむ

ワンポイント

「女房」ってどういう人たち？

現代では男性が「うちの女房がね……」などと、自分の妻をさすくだけた言い方となっているが、室町時代で女房というと、宮中に仕えて、部屋（＝房）をあたえられて住んでいた、かなり身分の高い女官（女性の役人）のこと。また、貴族の家などに仕える女性を言うこともある。

日本語になった仏教用語

　仏教は発祥地のインドから、中国・朝鮮半島を経由して日本に伝わりました。平安時代では仏教は貴族階級の宗教でしたが、室町時代には武士や庶民にも信仰する人が増えたため、その教えの中でつかわれる言葉も広く知られるようになりました。仏教用語は現在の日本語の中にもたくさんあります。日常でつかわれるうちに、本来の意味とは違う意味でつかわれるようになった言葉もあります。

　その中でも鎌倉時代以降に中国から日本に伝わった禅宗の教えがもとになった言葉の漢字音は、唐音（→P9）が多くなりました。

言葉	仏教での意味	現在の意味
挨拶	師匠が弟子への問答をすることで、修行の程度を試すこと	人と会ったときに交わす言葉や動作
過去・現在・未来	生まれる前の世界を過去、いま生きている現世を現在、死後生まれかわる来世を未来とよぶ	それぞれ、いまを起点として、昔は過去、いまは現在、今後は未来
我慢	自我に執着し、おごり高ぶり、強情になること	辛抱すること
観念	極楽浄土を思い浮かべたり、念じたりすること	あきらめること「イデア」の訳語＝「意識・考え」
玄関	奥深い仏教の道への入り口・禅寺の入り口	一般住居の入り口
邪魔	仏道修行を妨げる悪魔	妨げ、余計なもの
退治	もとは「対治」。仏道修行の妨げになるものを断切ること	悪いものや害をなすものを滅ぼすこと
道具	仏道でつかわれる用具のこと	ものをつくるときや仕事をするときにつかう用具
暖簾	寒さを防ぐ垂れ幕	商店などの屋号を染めた布
普請	禅寺などで、大勢の人に協力してもらって、大規模な作業をすること	家を建てたり、土木工事をすること

第二部　室町時代の日本語

キリシタンの宣教師が記録した室町時代の日本語

室町時代末期に南蛮人（ポルトガル人、スペイン人）が来日し、南蛮貿易がはじまりました。また、ヨーロッパで起きた宗教戦争の影響で、カトリック教会がアジアでの布教をこころみ、日本にも宣教師が来ました。

キリシタンの宣教師の来日

16世紀の後半に、ヨーロッパではキリスト教のプロテスタントが勢力を強め、それに対抗して、カトリックも勢力を得るためにアジアで布教をはじめました。来日したキリスト教（キリシタン）の宣教師は、キリスト教を広めるために、まず日本語を学び研究して、日本語の文法書や日本語とポルトガル語の辞書（『日葡辞書』）などをつくりました。これらをキリシタン資料といいます。これを調べることによって、室町時代末ころの日本語の様子がわかります。

↑ポルトガル、スペインとの交易の様子を描いた南蛮屏風は16世紀末期から17世紀半ばを中心に制作された。異国からの航海を経て日本の港に到着した南蛮船（左）と、出迎えるイエズス会宣教師やフランシスコ会修道士、日本人信者たちが描かれている。

Photo : Kobe City Museum / DNPartcom　狩野内膳『南蛮屏風』部分（神戸市立博物館所蔵）

「ハ・ヒ・フ・ヘ・ホ」と「ファ・フィ・フ・フェ・フォ」

『日葡辞書』は、ポルトガル式ローマ字つづりで書かれているので、当時の発音がわかります。たとえば、ハ行音は fa, fi, fu, fe, fo と書かれています。これは上下のくちびるがふれる音*「ファ・フィ・フ・フェ・フォ」であったらしいと考えられ、現在の「ハ・ヒ・フ・ヘ・ホ」ではありません（→1巻P17）。

＊英語などの f のように下くちびるをかむのではない。

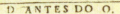

FA. ハ（派） 坊主（Bōzos）の宗派，あるいは，会，など．
¶**Faga vouoi.**（派が多い）宗派や宗教上の会がたくさんある．

Fa. ハ（葉） 木や草の葉．
¶**Faga nobita.**（葉が伸びた）萵苣や菜などの葉が大きくなった．

↑→『日葡辞書』。イエズス会のポルトガル人宣教師によって編集された辞書。1603（慶長8）年～1604（慶長9）年に長崎学林から刊行された。日本語3万語あまりをポルトガル語で説明してある。

土井忠生解題『日葡辞書』（岩波書店）オックスフォード大学 Bodleian Library所蔵本の複製（国立国会図書館所蔵）

（日本語訳は土井忠生ほか編訳『邦訳日葡辞書』岩波書店より）

| 第二部 | 室町時代の日本語 |

「ジ」と「ヂ」、「ズ」と「ヅ」の発音の混乱

わたしたちは「ジ」と「ヂ」、「ズ」と「ヅ」を区別して発音することができません。鎌倉時代までは区別していましたが、室町時代の後半になると混乱しはじめたようです。このころの書物では、「じ」と「ぢ」、「ず」と「づ」のつかい方が混乱しているものがあります。

キリシタンの宣教師ロドリゲスが書いた『日本大文典』には、「じねん（自然）」を「ぢねん」、また「ぢばん（地盤）」を「じばん」と発音することがあると書かれています。

濁点と半濁点

濁音は、古くからかな文字の左上か左下にふたつの点「‥」「‥」を添えてあらわしました。濁音の全部に付けられたわけではなく、注記が必要なところにだけ付けられることが多かったようです。これが現在の濁点になりました。

また、キリシタンの宣教師たちがのこした書物には、「パアテル*」のように半濁点「°」が書かれています。これはやがて、日本語でもつかうようになりました。

*「パアテレ」ともいう。ポルトガル語で「①父なる神・聖父　②神父」のこと。

ワンポイント

宣教師が伝えたイソップ物語

1593（文禄2）年に、『エソポのハブラス（伊曾保物語）』が、天草のキリシタン学寮（コレジョ）から出版された。現在では、『イソップ物語』として知られる寓話集である。

当時の日本語をポルトガル式ローマ字つづり、口語体で記した、活版印刷の本で、前半部分はイソップの伝記、後半は寓話で構成されている。

Inuga nicuuo fucunda coto.	犬が　肉を　含んだ　こと。
Aru inu xiximurauo fucunde cauauo vataruni,	ある　犬　肉を　ふくんで　川を　わたるに、
sono cauano mannacade fucunda xiximurano caguega	その　川の　真ん中で　ふくんだ　肉の　影が
mizzuno soconi vtcuttauo mireba, vonorega	水の　底に　うつったを　見れば、己が
fucunda yorimo, ychibai voqinareba, caguetoua	ふくんだ　よりも、一倍　大きなれば、影とは
xiraide, fucundauo sutete mizzuno socoye caxirauo	知らいで、ふくんだを　すてて　水の　底へ　頭を
irete mireba, fontaiga naini yotte, sunauachi	入れて　みれば、本体が　無いに　よって、即ち
qiyevxete dochiuomo torifazzuite xittcuiuo xita.	消え失せて　どちをも　取り外いて　失墜を　した。
Xitagocoro.	下心*
Tonyocuni ficare, fugiona cotoni tanomiuo	貪欲に　ひかれ、不定な　ことに　頼みを
caqete vaga teni motta monouo torifazzusunatoyu	掛けて　我が　手に　持った　ものを　取り外すという
coto gia.	こと　ぢゃ。

（東京大学文学部国語国文学研究室編 『文禄二年耶蘇会板伊曾保物語』より）

*下心＝この寓話にこめられている意味。教訓。

もっと知りたい

新しい言葉・外来語

外来語には、「ガラス」「ノート」「ゴム」などたくさんあります。古くは16世紀に宣教師たちがつかっていたポルトガル語やオランダ語から入った単語です。現代では英語から入った単語がたくさんあります。

外国語から日本語に

もとは外国語だったものが日本語に取りいれられて、日本語と同じようにつかわれるようになったものを外来語といいます。

漢語は中国語から入った外来語ですが、つかわれてきた歴史が長いこともあって、外来語とは別にあつかわれます。ただ、近代の中国語から入った「メンツ（面子）」「チャーハン（炒飯）」「チャーシュー（叉焼）」などは外来語にふくめます。

カステラはポルトガル語でcastellaと書くよ。

■宣教師たちがのこしたポルトガル語からの外来語

カステラ

カッパ（合羽）

カルタ

コンペイトー（金平糖）

パン

ボタン（釦）

第三部
江戸時代の日本語

6 上方から江戸へ

1600年の関が原の戦いで勝利した徳川家康は、1603年に幕府を関東の江戸に置きました。政治の中心は京都から江戸にうつりましたが、文化の中心はまだ京都にありました。やがて江戸にも独特の文化が生まれました。

このころの日本は？

江戸時代は、1603年の江戸幕府の成立から1867年の大政奉還まで続きます。封建制度が確立し、政治の実権は武士階級に握られていましたが、経済的には庶民が次第に実力を持つようになりました。安定した経済生活を送るようになったため、庶民も独自の文化を創造し、育てていきました。江戸幕府はキリスト教を禁じたので、ヨーロッパから来ていた宣教師たちは日本から去りました。

幕府は外国との接触を禁じた（鎖国）けれど、中国とオランダとだけは長崎の出島を通して交易をおこなっていたよ。

↑『寛文長崎図屏風』に描かれた長崎の出島。出島に入れるのは役人や出入りの商人などごく限られた人たちだけだった。

（長崎市歴史文化博物館所蔵）

上方語と江戸語

　江戸時代は18世紀半ばごろを境にして、前期と後期に分けて考えることができます。前期は上方（京・大坂）が中心の時代でした。幕府が置かれたことにより、江戸に新しい都市が生まれ、いろいろな地方の人が江戸に集まって暮らすようになりました。江戸時代後期には、100万人が生活する大都市になり、独自の文化が生まれました。また、江戸語が形成され、東海道の両端に上方語と江戸語の地域が生まれました。

地図には、奈良時代から明治初期まで、日本の地理的区分の基本単位だった旧国名を記しているよ。

- 江戸語の地域
- 上方語の地域
- 東海道

第三部　江戸時代の日本語

上方語と江戸語をくらべてみると

　上方語と江戸語では、同じ言葉でも違った表現をしていることがありました。

　同じ動詞も別の活用をしていました。また、感覚的なニュアンスを伝える言葉も違っています。

　江戸時代後期の戯作者、式亭三馬の『浮世風呂』では、上方から来た客と江戸の物売りが、話している場面があります。

　現代語での「買って」は、江戸の人は「買つて」、上方の人は「買て」と言っています。また、断定の語尾は、江戸では「だ」、上方では、「ぢゃ」となっています。

江戸語

（魚売り）
土用干だァ

（魚売り）
此様物を
買つて来たァ

上方語

買て上げる

世は同情ぢゃ

式亭三馬著『浮世風呂』（金桜堂等、1908年）（国立国会図書館所蔵）

上方語と江戸語の比較

動詞の活用

江戸語	上方語	江戸語	上方語	江戸語	上方語	言語
死ぬ	死ぬ	借りる	借る	足りる	足る	語例
四段活用	ナ行変格活用	上一段活用	四段活用	上一段活用	四段活用	活用の種類
し	し	か	か	た	た	語幹
な	な	り	ら	り	ら	未然形
に	に／ん	り	り／っ	り	り／っ	連用形
ぬ	ぬ／ぬる	りる	る	りる	る	終止形
ぬ	ぬる／ぬ	りる	る	りる	る	連体形
ね	ぬれ／ね	りれ	れ	りれ	れ	已然形
ね	ね	りよ／りろ	れ	りよ／りろ	れ	命令形

言葉

上方語		江戸語
あほらしい	⇕	ばかばかしい
けったい	⇕	ふしぎだ、きみょうな
えげつない	⇕	ろこつだ、いやらしい
いけず	⇕	強情だ、意地悪だ
しんどい	⇕	つらい、くるしい
ぎょうさん	⇕	たくさん、おおげさ

ワンポイント

江戸の庶民の言葉の特徴

　徳川家康が江戸に幕府を開いてから、江戸は大いに発展して大都市になった。江戸時代の初期には各地から集まった人びとが、各地の方言を話していたと思われ、いわば方言の雑居状態であった。

　このなかから武士言葉がかたちづくられ、やがて武士言葉とは別に、庶民の言葉に共通語が生まれていったと考えられる。いま江戸語と言うときは、多くの場合、江戸の庶民の言葉のことである。

　江戸語の特徴としてあげられるのが、アイ [ai]、アエ [ae]、オイ [oi]、オエ [oe]、イエ [ie] などがエー [e:] と発音されたことである。たとえば、世界（セケエ）、最後（セエゴ）、帰る（ケエル）、一昨日（オトテエ）、何処へ（ドケエ）、教える（オセエル）などと言ったのである。

　江戸語のもうひとつの特色とされるのは、「人」が「シト」、「東」が「シガシ」のように、「ヒ」が「シ」と発音されることである。また、「銭」が「ゼネ」、「紅」が「ベネ」、「道理」が「ドウレ」など「ニ」が「ネ」、「リ」が「レ」と発音されていたことが、式亭三馬の『浮世風呂』に見られる。

第三部　江戸時代の日本語

出版の普及と教育制度の発展

江戸時代には、幕府の学問所が開設され、地方の藩にも藩校を開いて武士の子弟の教育をするところが増えました。また、寺子屋（私塾）などで庶民の子どもたちにも教育がおこなわれるようになりました。

出版が盛んになる

庶民にも読み書きのできる人が増えたので、彼らに向けて、読み物が出版され、出版が商売として成立するようになりました。まだ当時の書物は値段が高く、庶民の多くは貸本屋から本を借りて読んでいました。

また、庶民にも日常的につかえる大小の簡便で実用的な辞書が多数つくられました。その多くは「○○節用集」という書名でした。

↑→江戸時代の安永年間（1772～1781年）から文化年間（1804～1818年）にかけて「黄表紙」とよばれる庶民のための絵入りの読み物が大流行した。その黄表紙のはじまりと言われるのが恋川春町による『金々先生栄花夢』であった。

恋川春町著『金々先生栄花夢　上』
（国立国会図書館所蔵）

（女）あい、おおかた昼過ぎでござりましょう。奥へお通りなさいませ。

むかし片田舎に、金村屋金兵衛というものがあった。

生まれつき心ざまもやさしく風流で、この世の楽しみをもぞんぶんに味わって見たいと思ったが、きわめて貧しくて心にまかせない。そこでつくづくと思案したすえ、繁華な都会へ出て奉公口を求め、世間に出て栄達したうえで、思うままに当世の享楽もしつくしたいと思い立った。

ここの名産に粟餅と餅花というものがある。

赤・白・黄色の餅を花のようにつけたところからその名がある。

（金兵衛）もしもし、もはやなん時でござりましょうの。

（現代語訳は、水野稔訳「金々先生栄花夢」『古典日本文学全集28　江戸小説集　上』筑摩書房より）

第三部　江戸時代の日本語

言語の違いが生じる

　上方語と江戸語の違いだけではなく、封建制度による藩単位の政治がおこなわれたため、人びとは藩から自由に出ることができず、各地の藩の中で独自の方言が発達し、地域による方言の違いが大きくなりました。「なまりは国の手形（言葉のなまりを聞けばその人の出身地がわかる）」と言われたほどだったのです。

　また、身分や階級による言葉の違いが大きくなりました。とくに、武士言葉と町人言葉の違いが特徴的でした。書き言葉と話し言葉との違いが大きくなったのも、この時代の言葉の特徴です。

江戸時代の教育制度

　江戸時代には、武士階級の子どもは、幕府の学問所、藩校へ通いました。そこでは、「四書五経」などの漢学をおもに学んでいました。ただし、通えたのは男子のみで、女子は、それぞれの家庭で父母や家庭教師から学んでいました。

　一方、庶民の子どもたちは、男子も女子も寺子屋に通い、読み・書き・そろばんとよばれる、基礎的な学習をおこないました。教科書につかわれたのは、おもに「往来物」とよばれるもので、『庭訓往来』『商売往来』『百姓往来』などいろいろな種類のものが多数つくられました。

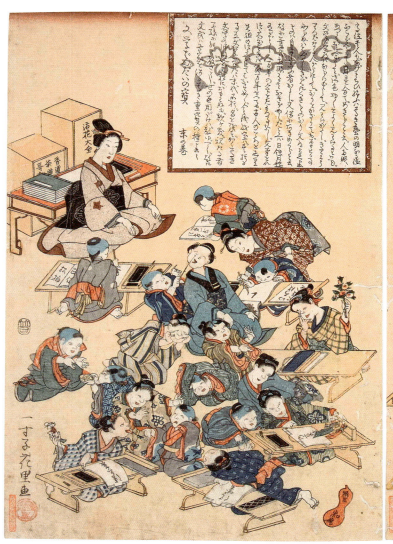

↑寺子屋の授業風景を描いた2枚続きの錦絵。

一寸子花里画『文学万代の宝（始の巻・末の巻）』（東京都立図書館所蔵）

もっと知りたい

江戸時代の文学

江戸時代は、18世紀半ばを境にして、前期・後期に分けられます。前期は文化の中心は上方にあり、後期には江戸を中心に独自の文化が花開きました。庶民にも文字の読み書きができる人が増え、本を読んでたのしむようになりました。

江戸時代前期の上方文学

上方語の地域では、元禄期（1688～1704年）に、町人が中心となる文学が生まれました。上方文学は、いきいきした写実的な表現が特徴で、代表者は井原西鶴と近松門左衛門、そして松尾芭蕉です。

井原西鶴は有名な俳人であり、浮世草子の作者でした。

近松門左衛門は浄瑠璃と歌舞伎の作者として名を成しました。多数の作品をのこし、現在でも上演されています。

松尾芭蕉は俳人として広く知られています。京都で歌人・俳人の北村季吟の指導を受けて俳諧の道に進み、「蕉風」とよばれる芸術性の高い俳諧の世界をつくりあげました。各地を旅して数多くの俳句や紀行文をのこしました。

俳人とは、俳句をつくる人のことだよ。

江戸時代後期の江戸文学

江戸では、都市の発達に伴って町人の文化が生まれ、文芸も盛んになりました。江戸の人たちは軽妙さや粋を好んだので、独特な江戸文学が生まれました。読本の上田秋成・滝沢馬琴、洒落本の山東京伝、滑稽本の十返舎一九・式亭三馬、人情本の為永春水、黄表紙（→P24）の恋川春町、合巻の柳亭種彦、俳句の与謝蕪村・小林一茶など、さまざまな分野で多くの作者が活躍しました。黄表紙や合巻には歌川豊国・喜多川歌麿・葛飾北斎など有名な絵師がさし絵を描いています。

式亭三馬の『浮世風呂』（→P22）で交わされる会話は、江戸の庶民の言葉をいきいきとうつしています。

合巻とは、江戸後期に流行した草双紙の一種で、内容は教訓から怪談までさまざまなものが刊行されたよ。

■上方の代表的な文学作品

井原西鶴	『好色一代男』 『日本永代蔵』 『西鶴置土産』 『好色五人女』
近松門左衛門	『傾城阿波の鳴門』 『国性爺合戦』 『女殺油地獄』 『曾根崎心中』 『冥途の飛脚』
松尾芭蕉	『奥の細道』 『笈の小文』 『幻住庵記』 『更科紀行』

■江戸の代表的な文学作品

十返舎一九	『東海道中膝栗毛』 『続膝栗毛』
式亭三馬	『浮世風呂』 『浮世床』
上田秋成	『雨月物語』 『春雨物語』
与謝蕪村	『新花摘』 『春風馬堤曲』
滝沢馬琴	『南総里見八犬伝』
小林一茶	『おらが春』

第三部　江戸時代の日本語

8 黒船の来航

徳川幕府は長年にわたって鎖国政策をとり、外国との接触を禁じていましたが、欧米諸国から外交や貿易などをするようにという開国の要求が強まりました。その要求はかなり強硬で、幕府は動揺しました。

鎖国が終わる

1853年に、神奈川県の浦賀沖にあらわれたのは、アメリカ東インド艦隊司令官のペリーが率いるアメリカの艦隊でした。

翌年、ペリーはふたたび大艦隊で来航して開国を強く要求しました。幕府は協議の結果、日米和親条約を結び開国を受けいれ、下田（静岡県）と函館（北海道）の2港を開きました。

「蘭学」から「洋学」へ

鎖国をしていたあいだも、出島でのオランダとの交易は続いていました。西洋の文化は、オランダの書物を通して伝わっていたので「蘭学*」とよばれていました。開国をしてからは、欧米諸国から多くの書物や文物、文化が流入し、オランダだけの影響ではなくなったため、これらの学問を「洋学」とよぶようになりました。

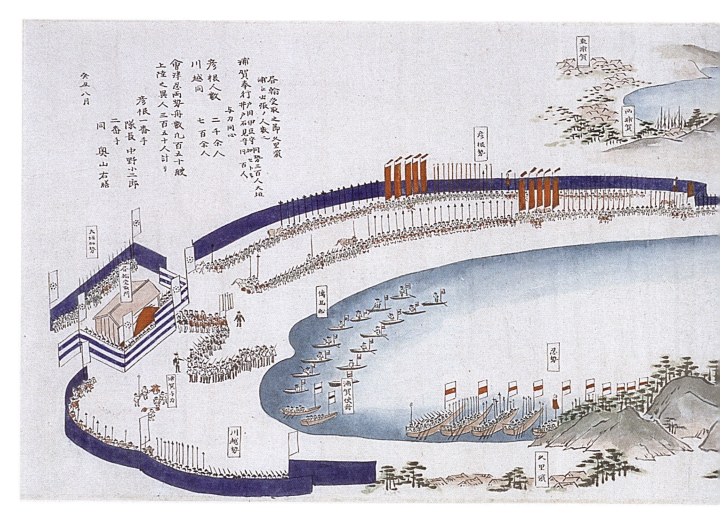

* 日本ではオランダを「阿蘭陀」のように書いたので、漢字一字で表記するときには、「蘭」をつかうことが多かった。

外国人が住むようになる

開国後、横浜・神戸・長崎などに外国人居留地ができ、外国人が住むようになりました。

アメリカ人宣教医ヘボンは日本語を学び、熱心に研究して『和英語林集成』という辞書をつくりました。これは和英辞典ですが、英語で説明した国語辞典といってもいいような内容でした。この辞書は日本人にも用いられ、改訂を重ねて明治まで出版されました。この辞書でつかわれたローマ字つづりが、現在のヘボン式ローマ字つづりのもとになりました。

↑日本最初の和英辞典『和英語林集成』。幕末から明治の優れた日本語辞典であり、国語史料としても重要視されている。

平文編訳『和英語林集成』
（国立国会図書館所蔵）

『ペリー浦賀来航図』(彦根城博物館所蔵　画像提供：彦根城博物館/DNPartcom)

←ペリーは4隻の軍艦を率いて浦賀（神奈川県）に入港した。人びとはこれを「黒船」とよんでおそれた。

用語解説

本文中で青字にした語句を50音順に解説しています。

江戸語 ·············· 21、22、23、26

江戸時代、江戸でつかわれていた言葉。その特色をはっきりしめすようになったのは18世紀半ば以降と言われる。武士を中心とする知識階級の言葉と、町人などがつかっていた言葉とに分けられる。後の東京語の母体となった。江戸言葉。

往来物 ·································· 26

庶民教育の初等教科書の総称。平安時代末期から江戸時代初期まで広くつかわれた。はじめは手紙の模範文例集であったが、江戸時代には歴史・地理など、日常生活に必要な知識を教えるものになった。

上方語 ·············· 21、22、26、27

江戸時代、京都・大坂を中心とする上方地方でつかわれていた言葉。広い地域で理解されていて、共通語的な性格も持っていた。上方言葉。

現代語 ·········· 10、11、13、14、22

現代の人がいま実際につかっている言語。一般に、明治以降につかわれている言語、とくに東京語を中心とした共通語を言う。

四書五経 ·································· 26

いずれも儒教の重要な書物で、四書は「論語」「大学」「中庸」「孟子」、五経は「易経」「書経」「詩経」「礼記」「春秋」。

庶民 ······· 4、9、12、14、15、20、23、24、26、27

貴族や武士に対して、特別な権力などもなくお金持ちでもない一般の人びと。

宣教師 ·············· 16、18、19、20

宗教を教え広める人。とくに、キリスト教の布教・伝道のために外国に派遣される人。

仏教 ·································· 14、15

紀元前5世紀（一説に紀元前6世紀とも）に釈迦が説いた宗教。インドに起こり、ほぼアジア全土に広まった。日本には古代、朝鮮半島からの渡来人によって私的に伝えられていたが、公的には6世紀半ばに百済から伝えられたとする。

ヘボン ·································· 29

1815〜1911年。アメリカの宣教師・医師。1859年来日。伝道と医療のかたわら日本語を研究して、1867年に日本で最初の和英辞典『和英語林集成』を編纂した。聖書の日本語訳もおこなった。

ヘボン式ローマ字つづり ·········· 29

日本語を書きあらわすためのローマ字のつづり方のひとつ。ヘボンが『和英語林集成』で用いたもの。現在は一部修正されたものを言うことが多い。

封建制度 ·························· 20、26

天皇・君主・領主などが、直接管理する領土（直轄領）以外の土地を諸侯に分けあたえ、それぞれが領内の政治の全権を握り、農民などを身分的に支配する関係を基盤とする体制。

ポルトガル式ローマ字つづり ········ 17、18

日本語を書きあらわすためのローマ字のつづり方のひとつ。『日葡辞書』などキリシタン資料につかわれている。サ行が「sa・xi・su・xe・so」、ダ行が「da・gi・zzu・de・do」などと書かれている。

さくいん

あ行

『イソップ物語』‥‥‥‥‥18

『伊曾保物語』‥‥‥‥‥18

『浮世風呂』‥‥‥‥ 22、23、27

英語‥‥‥‥‥‥‥‥‥19

江戸語‥‥‥‥21、22、23、26

往来物‥‥‥‥‥‥‥‥26

オランダ語‥‥‥‥‥‥‥19

か行

外来語‥‥‥‥‥‥‥‥19

『下学集』‥‥‥‥‥‥‥12

係り結び‥‥‥‥‥‥‥10

活用‥‥‥‥‥10、11、22、23

『仮名文字遣』‥‥‥‥‥ 7

上方語

‥‥‥ 21、22、23、26、27

漢語‥‥‥‥‥‥ 5、8、9、19

紀貫之‥‥‥‥‥‥‥‥ 8

黄表紙‥‥‥‥‥‥‥ 24、27

行阿‥‥‥‥‥‥‥‥‥ 7

共通語‥‥‥‥‥‥‥‥23

キリスト教（キリシタン）

‥‥‥‥‥‥ 16、18、20

『金々先生栄花夢』‥‥‥ 24、25

軍記物‥‥‥‥‥‥‥ 4、5

契沖‥‥‥‥‥‥‥‥‥ 7

『下官集』‥‥‥‥‥‥‥ 7

現代仮名遣い‥‥ 6、7、8、11

現代語

‥‥‥ 10、11、13、14、22

口語‥‥‥‥‥‥‥ 10、11

さ行

式亭三馬‥‥‥‥‥ 22、23、27

四書五経‥‥‥‥‥‥‥26

『商売往来』‥‥‥‥‥‥26

庶民‥‥‥ 4、9、12、14、15、

20、23、24、26、27

節用集‥‥‥‥‥ 12、13、24

宣教師

‥‥‥ 16、17、18、19、20

た行

中国語‥‥‥‥‥‥‥‥19

町人言葉‥‥‥‥‥‥‥26

『庭訓往来』‥‥‥‥‥‥26

寺子屋‥‥‥‥‥‥‥ 24、26

唐音‥‥‥‥‥‥‥ 9、15

『土佐日記』‥‥‥‥‥‥ 8

な行

『日葡辞書』‥‥‥‥ 16、17

『日本大文典』‥‥‥‥‥18

女房詞‥‥‥‥‥‥‥‥14

は行

ハ行転呼‥‥‥‥‥‥‥ 6

藩校‥‥‥‥‥‥‥‥‥26

『百姓往来』‥‥‥‥‥‥26

武士‥‥ 4、5、9、14、20、

24、26

武士言葉‥‥‥‥‥ 5、23、26

藤原定家‥‥‥‥‥‥‥ 7

仏教‥‥‥‥‥‥‥ 14、15

文語‥‥‥‥‥‥‥ 10、11

『平家物語』‥‥‥‥‥ 5、8

『平治物語』‥‥‥‥‥‥ 5

ヘボン‥‥‥‥‥‥‥‥29

ヘボン式ローマ字つづり‥‥29

方言‥‥‥‥‥‥‥ 23、26

封建制度‥‥‥‥‥‥ 20、26

『保元物語』‥‥‥‥‥‥ 5

ポルトガル語‥‥‥ 16、17、19

ポルトガル式ローマ字つづり

‥‥‥‥‥‥‥‥ 17、18

ら行

歴史的仮名遣い‥‥ 6、7、11

わ行

『和英語林集成』‥‥‥‥‥29

和漢混交文‥‥‥‥‥‥ 4、5

和語‥‥‥‥‥‥‥‥ 5、9

『倭玉篇』‥‥‥‥‥ 12、13

和製漢語‥‥‥‥‥‥‥ 9

■著／倉島　節尚（くらしま　ときひさ）

1935年長野県生まれ。1959年東京大学文学部国語国文学科を卒業、三省堂に入社。以後、30年間国語辞典の編集に携わる。『大辞林』（初版）の編集長。1990年から大正大学文学部教授。2008年名誉教授。著書に『辞書と日本語』（光文社）、『辞林探究－言葉そして辞書－』（おうふう）、監修・著書に「辞書・事典のすべてがわかる本」（全4巻、あすなろ書房）ほか多数。

■編／こどもくらぶ（稲葉茂勝・長野絵莉）

「こどもくらぶ」は、あそび・教育・福祉の分野で、こどもに関する書籍を企画・編集しているエヌ・アンド・エス企画編集室の愛称。これまでの作品は1000タイトルを超す。

■制作・デザイン

株式会社エヌ・アンド・エス企画（長江知子）

■編集協力

萩原由美

■イラスト（p19）

ウノ・カマキリ

■写真協力

表紙／『平治物語（絵巻）』部分（国立国会図書館所蔵）

この本の情報は、特に明記されているもの以外は、2017年10月現在のものです。

■参考文献

大久保忠国・木下和子編『江戸語辞典』東京堂出版、2014年
大谷大学編『仏教が生んだ日本語』毎日新聞社、2001年
沖森卓也編『日本語史』桜楓社、1989年
沖森卓也著『日本語全史（ちくま新書）』筑摩書房、2017年
春日和男著『新編国語史概説』有精堂出版、1978年
亀井孝ほか編『日本語の歴史』平凡社、1963-65年
曲亭馬琴作・小池藤五郎校訂『南総里見八犬伝　一（岩波文庫）』岩波書店、1990年
玄侑宗久著『さすらいの仏教語　暮らしに息づく88話（中公新書）』中央公論新社、2014年
金田一春彦編『新明解古語辞典　第2版』三省堂、1977年
国語学会編『国語学大辞典』東京堂出版、1980年
国史大辞典編集委員会編『国史大辞典』吉川弘文館、1979-97年
小林祥次郎著『仏教からはみだした日常語　語源探索』勉誠出版、2015年
小松寿雄著『江戸時代の国語　江戸語（国語学叢書）』東京堂出版、1985年
今野真二著『漢字からみた日本語の歴史（ちくまプリマー新書）』筑摩書房、2013年
今野真二著『図説　日本語の歴史』河出書房新社、2015年
坂梨隆三著『江戸時代の国語　上方語（国語学叢書）』東京堂出版、1987年
佐藤武義・前田富祺ほか編『日本語大事典』朝倉書店、2014年
十返舎一九作・麻生磯次校注『東海道中膝栗毛　上（岩波文庫）』岩波書店、1973年
杉本つとむ著『東京語の歴史（中公新書）』中央公論社、1988年
近松門左衛門作、松崎仁ほか校注『新日本古典文学大系　近松浄瑠璃集　上』岩波書店、1993年
土井忠生・森田武著『国語史要説　新訂版』修文館、1975年
ひろさちや著『日本語になった仏教のことば』講談社、1988年
松村明著『江戸語東京語の研究』東京堂出版、1957年
松村明著『洋学資料と近代日本語の研究』東京堂出版、1970年
松村明著『国語史概説』秀英出版、1972年
松村明著『近代の国語　江戸から現代へ』桜楓社、1977年
室町時代語辞典編集委員会編『時代別国語大辞典 室町時代編』三省堂、1985-2001年
柳田征司著『室町時代の国語（国語学叢書）』東京堂出版、1985年

見て読んでよくわかる！ 日本語の歴史 ②鎌倉時代から江戸時代 武士の言葉から庶民の言葉へ NDC810

2017年12月20日　　初版第1刷発行

著　者	倉島節尚
発行者	山野浩一
発行所	株式会社筑摩書房　〒111-8755　東京都台東区蔵前2-5-3
	振替　00160-8-4123
印刷所	凸版印刷株式会社
製本所	凸版印刷株式会社

©Kodomo Kurabu　2017
Printed in Japan

32p／29cm
ISBN978-4-480-85812-2　C0381

乱丁・落丁本の場合は下記宛にご送付ください。送料小社負担でお取り替えいたします。ご注文、お問い合わせも下記へお願いいたします。
筑摩書房サービスセンター　さいたま市北区櫛引町2-604　〒331-8507　電話　048-651-0053

本書をコピー、スキャニング等の方法により無許諾で複製することは、法令に規定された場合を除いて禁止されています。請負業者等の第三者によるデジタル化は一切認められていませんので、ご注意ください。